Supermachines
MOTOCYCLETTES

CHRIS OXLADE

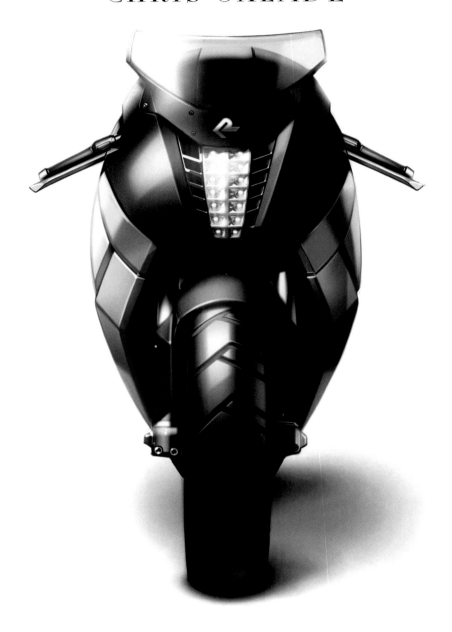

MOTOCYCLETTES

Broquet

97-B, Montée des Bouleaux,
Saint-Constant, (Qc) Canada J5A 1A9,
Tél. : 450 638-3338 Téléc. : 450 638-4338
Internet : www.broquet.qc.ca
Courriel : info@broquet.qc.ca

Catalogage avant publication de Bibliothèque et Archives nationales du Québec et Bibliothèque et Archives Canada

Oxlade, Chris

Motocyclettes

(Supermachines)

Traduction de: Mighty motorbikes.

Comprend un index.

ISBN 978-2-89000-918-9

1. Motocyclettes - Ouvrages pour la jeunesse. I. Titre.

TL440.15.O9414 2008   j629.227'5   C2007-942248-9

Pour l'aide à la réalisation de son programme éditorial, l'éditeur remercie Le Gouvernement du Canada par l'entremise du Programme d'aide au développement de l'industrie de l'édition (PADIÉ ; La société de développement des entreprises culturelles (SODEC) ; L'association pour l'exportation du livre canadien (AELC). Le Gouvernement du Québec - Programme de crédit d'impôt pour l'édition de livres - Gestion SODEC.

Titre original : Mighty Motorbikes
Copyright © Appleseed Editions Ltd 2006
Well House, Friars Hill, Guestling,
East Sussex, TN35 4ET, United Kingdom

Pour l'édition française :
Copyright © Broquet inc., Ottawa 2008
Dépôt légal — Bibliothèque nationale du Québec
1ᵉʳ trimestre 2008

Traduction : Valérie Piquette
Révision : Marcel Broquet, Audrey Lévesque
Infographie : Sandra Martel

Imprimé en Malaisie

ISBN 978-2-89000-918-9

TABLE DES MATIÈRES

Motos puissantes   4

Fonctionnement des motos   6

Premières motos   8

Motos classiques   10

Motos sportives   12

Grosses motos   14

Motos de course   16

Motos tout-terrain   18

Trikes et *motoquads*   20

Motos personnalisées   22

Rapides et déchaînées   24

Grosses et petites   26

Motos de l'avenir   28

Chronologie   30

Glossaire   31

Index   32

MOTOCYCLETTES

45 55
35   65
25   00002 5   75
80

MOTOS PUISSANTES

La motocyclette (ou simplement moto) est un véhicule muni d'un moteur et de deux roues. Les motos de course et routières sont des engins puissants et rapides dont l'imposant rugisse-ment ne passe pas inaperçu.

Motocyclette tout-terrain

Moto routière

Moto sportive

TYPES DE MOTOCYCLETTES

Il existe de nombreux types de motocy-clettes. La plupart d'entre elles sont conçues pour un usage quotidien sur la route, mais il existe aussi des motocy-clettes spécialement conçues pour des sports comme la course sur piste et le cross-country. Même si elles ont diffé-rentes fonctions, toutes les motocy-clettes sont constituées de pièces sem-blables. La plupart d'entre elles ont deux roues, mais certaines en ont trois, voire même quatre.

Moto personnalisée

Les différentes motocyclettes sont munies de cadres, de moteurs, de pneus et d'autres pièces adap-tées selon le type.

4

S'incliner lors des virages fait partie du plaisir de conduire une moto. Les motocyclistes aiment s'incliner lorsqu'ils effectuent un virage à toute vitesse.

S'INCLINER VERS L'AVANT

Une fois arrêtée, la motocyclette se renverse si le motocycliste ne dépose pas ses pieds au sol. Lorsque la moto est en mouvement, même lentement, elle reste debout. Quand la moto effectue un virage, les pneus sont poussés latéralement en direction opposée au virage. Le motocycliste s'incline pour contrebalancer la pression; autrement, la moto se renverserait. Certains motocyclistes s'inclinent tellement qu'ils touchent presque à la route.

Pneus
Arrondis pour permettre à la moto de s'incliner au maximum.

Motocycliste
S'incline en même temps que la moto.

INFO-ÉCLAIR
Rester bien en équilibre
Lorsqu'une motocyclette est en mouvement, les roues tournent de façon semblable à un gyroscope. Le mouvement de rotation empêche la moto de basculer.

FONCTIONNEMENT DES MOTOS

Toutes les motocyclettes fonctionnent de façon semblable. Le cadre est la partie principale de la motocyclette. Il se compose d'éléments métalliques robustes soudés ensemble. Toutes les pièces de la moto y sont fixées à l'aide de boulons.

ROUES, PNEUS ET SUSPENSION

Les motocyclettes sont munies de roues légères à rayons. Contrairement aux pneus de l'automobile dont la bande de roulement est plate, celle de la moto est arrondie. Le pneu peut ainsi adhérer à la route lorsque la moto s'incline pour un virement. Les roues sont attachées au cadre à l'aide de ressorts de suspension robustes qui absorbent les chocs sur la route, permettant de se déplacer en douceur.

Fourche de suspension télescopique
Permet à la roue avant de se déplacer de haut en bas.

Bras de suspension oscillant
Permet à la roue arrière de se déplacer de haut en bas.

Moto sportive dont les panneaux de carrosserie ont été enlevés pour en montrer le cadre et le moteur.

Cadre
Soutient les autres pièces.

Freins à disques
Offrent une excellente puissance de freinage.

Moteur
Fixé à la base du cadre à l'aide de boulons.

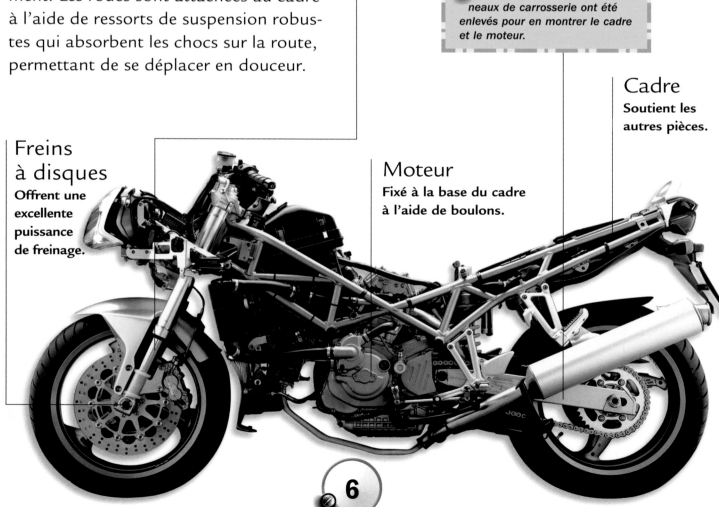

Moteurs de motocyclette

Les motocyclettes sont munies d'un moteur à essence à deux ou à quatre temps. La taille du moteur varie d'un petit cyclomoteur de 50 cc à un énorme de 1 800 cc dans les imposantes motos routières. La puissance du moteur est transmise vers les roues de la motocyclette par une boîte de vitesses et une chaîne. Certaines motos sont munies d'un arbre de transmission plutôt que d'une chaîne.

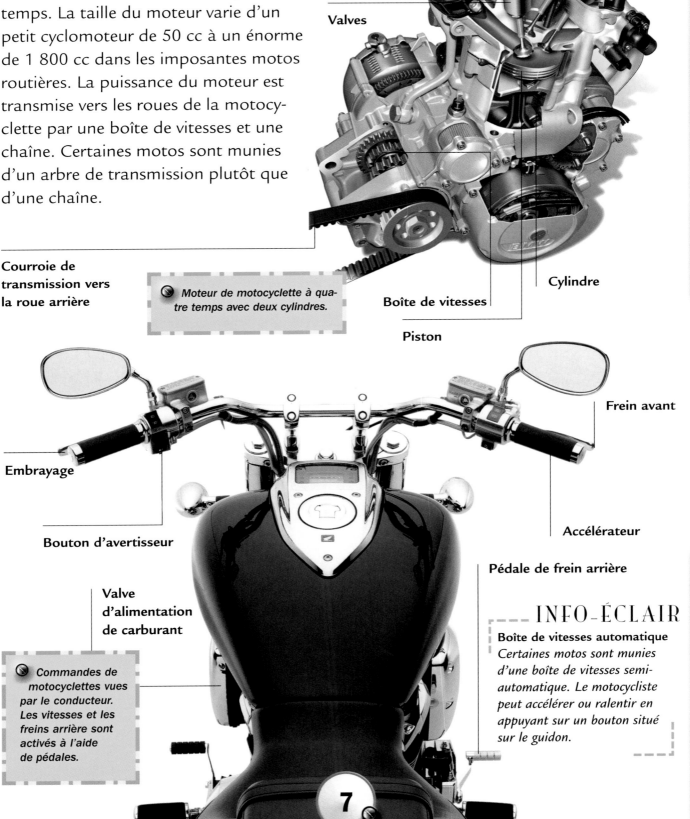

Valves

Courroie de transmission vers la roue arrière

🔧 *Moteur de motocyclette à quatre temps avec deux cylindres.*

Boîte de vitesses

Cylindre

Piston

Embrayage

Frein avant

Bouton d'avertisseur

Accélérateur

Valve d'alimentation de carburant

Pédale de frein arrière

🔧 *Commandes de motocyclettes vues par le conducteur. Les vitesses et les freins arrière sont activés à l'aide de pédales.*

INFO-ÉCLAIR

Boîte de vitesses automatique
Certaines motos sont munies d'une boîte de vitesses semi-automatique. Le motocycliste peut accélérer ou ralentir en appuyant sur un bouton situé sur le guidon.

7

PREMIÈRES MOTOS

Les premières motocyclettes ont été construites il y a environ 130 ans et ne ressemblaient pas beaucoup aux engins étonnants d'aujourd'hui. Il s'agissait de simples bicyclettes munies d'un moteur.

VAPEUR ET ESSENCE

Les toutes premières motocyclettes étaient des bicyclettes sur lesquelles on avait fixé un moteur à vapeur pour les faire avancer. Il était très dangereux de conduire ces motocyclettes brûlantes et entourées de vapeur. La première motocyclette, munie d'un moteur à essence beaucoup plus sécuritaire, a été construite en 1885 par l'ingénieur allemand Gottlieb Daimler. C'est d'ailleurs Daimler qui a créé le moteur à essence.

Stabilisateurs
Un de chaque côté pour empêcher la moto de se renverser.

Jantes métalliques
Protègent les roues en bois

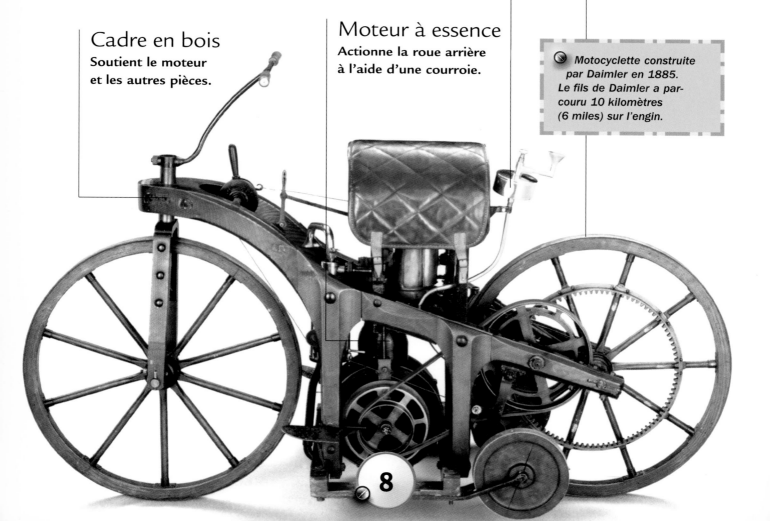

Cadre en bois
Soutient le moteur et les autres pièces.

Moteur à essence
Actionne la roue arrière à l'aide d'une courroie.

Motocyclette construite par Daimler en 1885. Le fils de Daimler a parcouru 10 kilomètres (6 miles) sur l'engin.

8

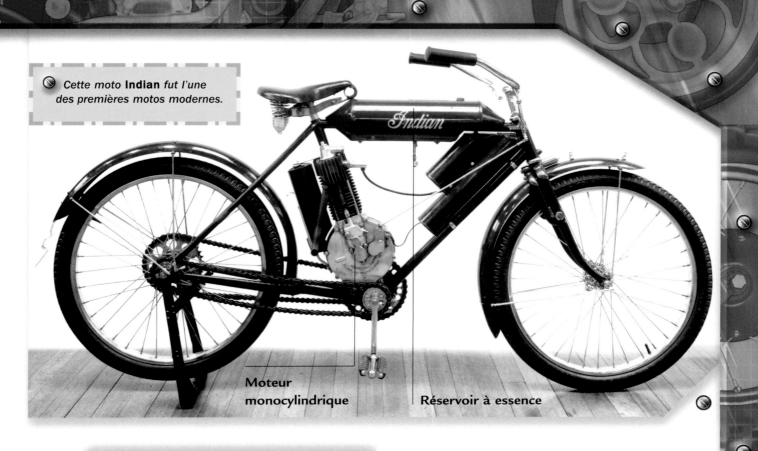

Cette moto **Indian** fut l'une des premières motos modernes.

Moteur monocylindrique

Réservoir à essence

INFO-ÉCLAIR

Pédales de commande du moteur
Les toutes premières motocyclettes étaient munies de pédales pour démarrer le moteur et activer la moto en cas de panne.

LA CONCEPTION MODERNE

Les fabricants des premières motocyclettes ont placé le moteur à différents endroits sur l'engin : sous le siège, sur les roues, sur le guidon et même sur un chariot distinct. En 1901, les frères Werner ont conçu une bicyclette dont le moteur se trouvait sous le cadre. Toutes les motocyclettes modernes sont pareillement configurées.

La bicyclette **Rover Safety Bicycle** fut la première à arborer un cadre de style moderne. Les premières motocyclettes ont été construites en s'inspirant de cette bicyclette.

MOTOS CLASSIQUES

Les mordus collectionnent les meilleures et les plus célèbres motocyclettes anciennes. Voici les motocyclettes classiques.

Années 20   Années 30   Années 40

CLASSIQUES AMÉRICAINS

De nombreuses motocyclettes classiques ont été construites aux États-Unis dans les années 20, 30 et 40 par des fabricants comme Harley-Davidson et Indian. Elles étaient presque toutes munies d'un moteur *V-twin*. La Indian *Chief* et la Harley Davidson *45* font partie des exemples les plus célèbres.

Réservoir à essence
Réservoir principal et réservoir de secours.

Moteur
de conception *V-twin*.

Indian Chief

Caractéristiques du moteur

Années de fabrication	1922–1953
Moteur	V-twin
Capacité	1000 cc
Vitesse maximale	145 km/h (90 mi/h)

> 🔘 La **Brough Superior** est une moto britannique classique. Elle était luxueuse, très coûteuse et extrêmement rapide !

> 🔘 La **Honda CB750** était munie d'un moteur à quatre cylindres permettant d'atteindre une vitesse maximale de 190 km/h (120 mi/h).

Démarreur électrique

Moteur de 736 cc

Freins à disques

> 🔘 Imposante et puissante, la motocyclette **Indian Chief** a été construite de 1922 à 1953.

CLASSIQUES JAPONAIS

Les États-Unis et l'Angleterre ont conçu la plupart des motocyclettes classiques jusqu'en 1960. Ensuite, des fabricants comme Honda, Kawasaki et Yamaha ont conçu des motocyclettes japonaises. La Honda *CB750*, que les experts classent parmi les premières motos sportives, fut l'un des premiers classiques japonais.

MOTOCYCLETTES

INFO-ÉCLAIR

Classique du temps de guerre
*Les alliés ont utilisé plus de 90 000 motocyclettes **Harley-Davidson WLA** pendant la Deuxième Guerre mondiale.*

Peinture
Toujours de couleur rouge

MOTOS SPORTIVES

Les motos sportives sont les motocyclettes les plus rapides et les plus puissantes. Elles sont munies d'un moteur de 1 000 cc ou plus.

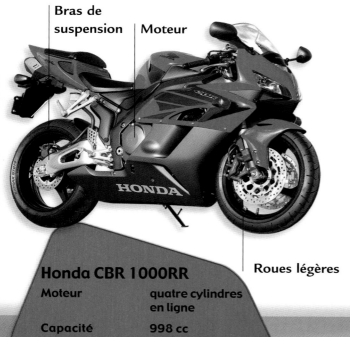

Bras de suspension | Moteur

Roues légères

Honda CBR 1000RR

Moteur	quatre cylindres en ligne
Capacité	998 cc
Poidst	180 kg
Vitesse maximale	289 km/h (180 mi/h)

MOTOS SPORTIVES ROUTIÈRES

Les motos sportives conçues pour être utilisées en toute légalité sur la route sont les machines rêvées des mordus de motos. Elles présentent les mêmes caractéristiques techniques que les motos de course, ce qui leur permet d'accélérer très rapidement et d'atteindre des vitesses élevées. Leurs caractéristiques spéciales permettent aussi aux motocyclistes expérimentés de les conduire de façon sécuritaire.

La **CBR 1000RR** est la moto sportive haut de gamme de Honda.

Le Français Sébastien Gimbert aux commandes de sa Yamaha **YZF-R1** lors du Championnat du monde de **super-bike** de 2005, à Brands Hatch.

MOTOS SPORTIVES DE COURSE

On peut aussi voir des motos sportives sur les pistes de course. Les courses ont lieu dans le cadre des championnats du monde de *super-bike* et d'autres championnats aux quatre coins du monde. Ces motos sont des versions simplifiées des motos sportives routières dont le moteur a été modifié pour les rendre plus puissantes. Elles accélèrent plus rapidement et atteignent des vitesses plus élevées que les motos routières. Elles présentent également des caractéristiques de course spéciales comme des pneus lisses.

INFO-ÉCLAIR

Rapport puissance-poids
*Le moteur d'une moto sportive a une puissance d'environ 200 chevaux-vapeur. Sa puissance est environ la même que celle d'une voiture sport, par exemple une **Audi TT**. Le poids de la moto correspond toutefois au dixième de celui de la voiture, qui n'aurait aucune chance de remporter la course !*

GROSSES MOTOS

Les motocyclettes les plus puissantes sont construites pour les longs déplacements et le tourisme. Elles offrent assez d'espace pour transporter deux personnes et leurs bagages.

MOTOS ROUTIÈRES

Les motos routières sont des engins imposants et robustes. Elles ressemblent aux grandes motos américaines classiques comme l'Indian *Chief*. Longues et basses, elles affichent une vaste surface de métal brillant. Les motos routières conviennent aux motocyclistes qui veulent se faire remarquer, mais ce n'est pas leur seule fonction. Les grandes motos routières offrent énormément de puissance au besoin.

Honda Valkyrie Rune

Moteur	6 cylindres à plat
Capacité	1832 cc
Poids	360 kg
Vitesse maximale	198 km/h (123 mi/h)

Arbre de transmission
Transmet la puissance du moteur vers la roue arrière.

Moteur
Six cylindres divisés en deux rangées de trois.

Radiateur
Pour refroidir le moteur.

Voici l'incroyable motocyclette routière **Valkyrie Rune**, construite par Honda.

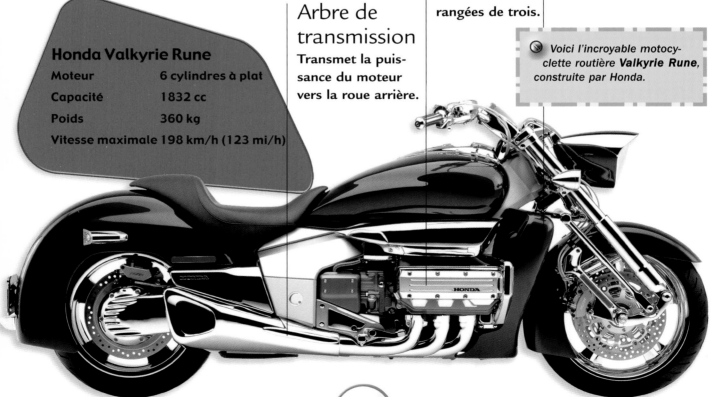

Pare-brise
Teinté pour offrir une vision claire

Nacelle latérale **Hannigan** fixée à une Honda **Gold Wing**.

Carrosserie
Légère et aérodynamique.

Troisième roue
Soutient la nacelle latérale.

MOTOS ROUTIÈRES, NACELLES LATÉRALES ET REMORQUES

Les motos les plus imposantes sont de gigantesques routières comme la Honda *Gold Wing* et la Harley Davidson *Electra Glide*. Ces motos sont aussi lourdes que des petites voitures, mais leur moteur est beaucoup plus puissant. Une nacelle latérale peut être fixée sur la moto routière, ce qui ajoute de l'espace pour un passager et des bagages supplémentaires. Il est même possible d'y fixer une petite remorque.

INFO-ÉCLAIR

Aucune inclinaison
Une nacelle latérale évite à la motocyclette de s'incliner. Par conséquent, les motocyclistes doivent se diriger seulement avec la roue avant.

Les services de police utilisent les motocyclettes routières pour les patrouilles motocyclistes. Ces motocyclettes offrent de l'espace pour de l'équipement supplémentaire, par exemple des projecteurs.

MOTOS DE COURSE

Les motocyclistes concourent sur de nombreux types de motos, des motos sportives aux *side-cars*.

Motocycliste dans un virage lors du Grand Prix de moto. Des genouillères protègent ses genoux au cas où ils toucheraient à la piste.

PILOTES DE GRAND PRIX

Le Grand Prix de moto (MotoGP) est un célèbre championnat international de course. Il s'agit d'une course sur piste de motos dont le moteur est de même dimension, c'est-à-dire de 125 cc à 990 cc.

Les caractéristiques des motos doivent respecter des règlements stricts pour éviter qu'un pilote ne profite injustement d'un avantage lors de la compétition.

Superstar de GP
*La superstar italienne Valentino Rossi est l'un des meilleurs pilotes du monde. En 2005, il a remporté le titre de champion du MotoGP sur une Yamaha **YZF-M1** de 990 cc.*

COURSES DE *SIDE-CAR*

Un *side-car* de course est la combinaison d'une motocyclette de course et d'une nacelle latérale. Il en résulte un bolide à trois roues. Un carénage aérodynamique recouvre la moto et la nacelle latérale. Le passager joue un rôle aussi important que le pilote. Il se penche d'un côté ou de l'autre pour empêcher la moto de se renverser lors des virages alors qu'ils se déplacent à grande vitesse sur la piste.

Passager
Se penche au dehors pour équilibrer la machine.

Motocycliste
Manœuvre le *side-car*.

> ◉ *Side-car* de course Formule 1 muni d'un moteur de moto sportive de 1 000 cc.

Poignée
Pour que le passager puisse s'agripper.

STP
Toyauderie Industrielle

86340 FLEURÉ
Tél : 05 49 44 08 26

YOKOHAMA

82

AFAM

MOTOS TOUT-TERRAIN

De nombreuses motocyclettes sont conçues pour être utilisées ailleurs que sur la route, notamment pour les courses de moto-cross, les essais de motocyclettes, les rallyes et les acrobaties.

CARACTÉRISTIQUES DES MOTOS TOUT-TERRAIN

Les motos tout-terrain présentent des caractéristiques spéciales qui leur permettent de s'adapter aux terrains boueux et accidentés. Les caractéristiques les plus importantes sont les pneus, les roues et les amortisseurs. Les pneus ont une bande de roulement munie d'imposants crampons qui adhèrent à la boue. Les roues sont très robustes pour éviter toute déformation après un saut. Les amortisseurs sont hauts pour laisser de l'espace et absorber les chocs.

Moteur
Puissant pour permettre à la moto de grimper des pentes escarpées.

Suspension
Maintient la moto au-dessus du sol.

La Honda **CRF450R** est une puissante moto-cyclette tout-terrain utili-sée pour les courses de **motocross**.

Pneus
Ont une bande de roulement munie d'imposants crampons pour l'adhérence.

Plaque de protection
Protège le moteur des cailloux.

Protecteurs de guidon

Lors d'une course de **motocross**, les motocyclistes déposent souvent leurs pieds au sol pour retrouver l'équilibre.

INFO-ÉCLAIR

Plus long saut

Trigger Gumm a fait le plus long saut en motocyclette sur une distance de 84 mètres en 2005, en Australie.

Un motocycliste effectue un virage sur une piste glacée.

COURSE SUR PISTE DE VITESSE

La course sur piste de vitesse est un autre type de course hors route. Les motocyclistes coursent sur une piste ovale de 400 mètres recouverte de terre. Les motocyclettes sont munies de moteurs puissants, mais pas de boîte de vitesses ni de freins. Une habileté exceptionnelle est requise pour effectuer les virages qui se trouvent à chaque extrémité de la piste. La course sur glace, variante de la course sur piste de vitesse, consiste à courser sur une piste glacée. Pour ce faire, on installe sur les pneus des motos des crampons métalliques.

TRIKES ET MOTOQUADS

La plupart des motocyclettes ont deux roues, mais certaines en ont trois ou quatre. Les motocyclettes à trois roues sont appelées *trikes*, et celles à quatre roues, *motoquads.*

Moto routière Triketec **V2 Sport**.

Siège du conducteur

Réservoir à essence

Pneus de voiture

MOTOCYCLETTES À TROIS ROUES

Les *trikes* sont munis d'une roue avant et de deux roues arrière. La présence de trois roues permet au motocycliste de se déplacer lentement et de freiner sans avoir à déposer un pied au sol pour garder l'équilibre. Les *trikes* offrent également de l'espace pour un ou deux passagers ainsi que pour des bagages. Leur popularité est en hausse pour les longs déplacements et le tourisme.

Les motocyclettes **rickshaw** à trois roues comme celle-ci servent de taxi dans un grand nombre de villes des quatre coins du monde.

Bombardier DS650 X	
Moteur	monocylindrique
Capacité	652 cc
Poids	225 kg
Vitesses	5

Amortisseurs
Remplis d'air comprimé.

Le Bombardier **DS650 X** est conçu pour les courses de **cross-country**.

Plaque de protection
Protège la moto des cailloux.

Repose-pieds
Le motocycliste s'y appuie.

MOTOQUADS

Les *motoquads* sont munies d'un moteur de motocyclette ainsi que de deux roues avant et de deux roues arrière. Les fermiers utilisent les *quads* pour se déplacer sur la ferme et transporter des fournitures comme de la nourriture pour les animaux ou des piquets de clôture. Les quatre roues et les pneus munis d'imposants crampons offrent une adhérence complète. Les *quads* sont aussi appelés véhicules tout-terrain (VTT). Ces véhicules sont populaires en tant qu'engins de loisirs et de course.

Tour d'aventure sur un **quad** dans le désert.

INFO-ÉCLAIR
Tours d'aventure en *quad*
*Les **quads** sont aussi conçus pour les tours d'aventure en terrain accidenté ou les courses sur piste en terre battue.*

MOTOS PERSONNALISÉES

Les mordus de motocyclettes personnalisent souvent leur moto en y ajoutant de nouvelles pièces et en y peignant des motifs artistiques. Ils enlèvent aussi les pièces qui ne leur plaisent pas.

LE *CHOPPER*

La plupart des motos personnalisées sont appelées *choppers*. Le terme « chopper » remonte aux années 50, lorsque des passionnés de motos américains ont commencé à enlever ou à couper (« chop ») des pièces non voulues sur leurs motos Harley-Davidson afin de les rendre plus légères et d'en améliorer le rendement. Les *choppers* ont généralement une longue fourche avant, un siège de conducteur abaissé et un moteur *V-twin*.

Fourche avant
Plus longue que celle d'une moto standard.

Roue avant
Au bout d'une longue fourche.

Ce **chopper** est une Harley-Davidson personnalisée.

Réservoir d'essence
aux motifs personnalisés.

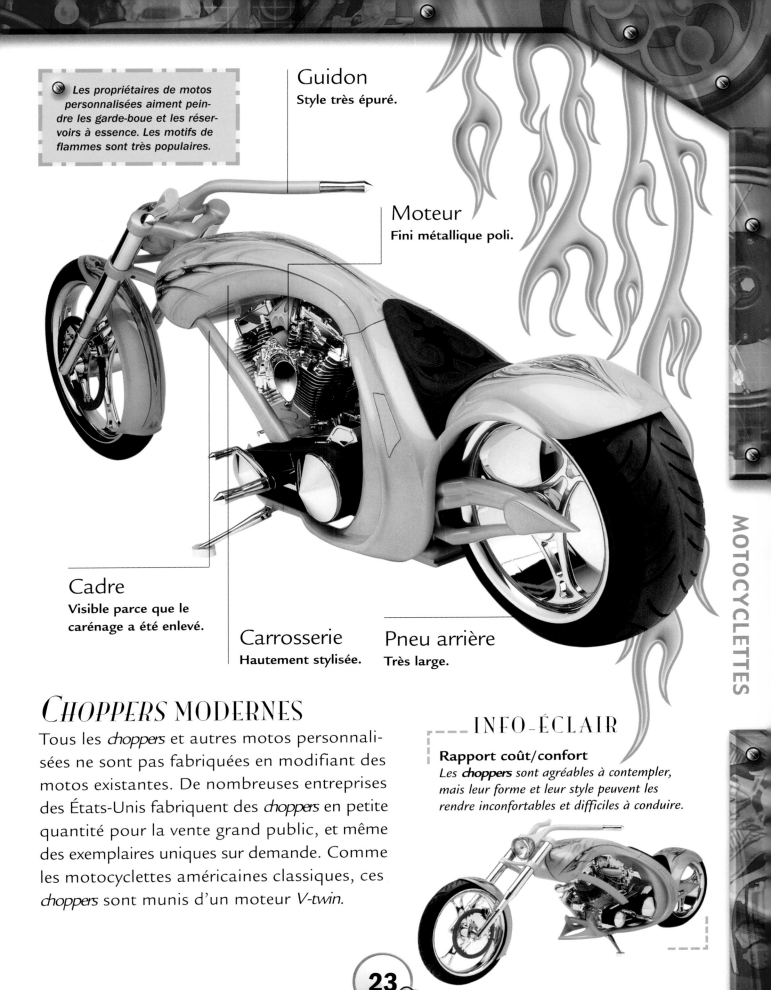

Les propriétaires de motos personnalisées aiment peindre les garde-boue et les réservoirs à essence. Les motifs de flammes sont très populaires.

Guidon
Style très épuré.

Moteur
Fini métallique poli.

Cadre
Visible parce que le carénage a été enlevé.

Carrosserie
Hautement stylisée.

Pneu arrière
Très large.

CHOPPERS MODERNES

Tous les *choppers* et autres motos personnalisées ne sont pas fabriquées en modifiant des motos existantes. De nombreuses entreprises des États-Unis fabriquent des *choppers* en petite quantité pour la vente grand public, et même des exemplaires uniques sur demande. Comme les motocyclettes américaines classiques, ces *choppers* sont munis d'un moteur *V-twin*.

INFO-ÉCLAIR

Rapport coût/confort
Les choppers sont agréables à contempler, mais leur forme et leur style peuvent les rendre inconfortables et difficiles à conduire.

23

RAPIDES ET DÉCHAÎNÉES

Certaines des motos les plus impressionnantes ont été conçues pour accélérer de façon époustouflante et atteindre des vitesses vertigineuses. Ces motos sont les plus puissantes et les plus rapides de la planète.

DÉTENTRICES DE RECORDS DE VITESSE

Les motocyclettes les plus rapides du monde sont conçues spécialement pour battre des records de vitesse. Ces motos longilignes sont entièrement recouvertes d'une carrosserie aérodynamique en plus d'être munies de nombreuses pièces spéciales et d'un moteur de motocyclette. Les tentatives de battre le record du monde sont effectuées à Bonneville Salt Flats, aux États-Unis.

Aileron
Permet à la moto de rester en ligne droite.

Le **Bub Streamliner** est muni d'un moteur **V-twin** de 3 litres qui engendre une énorme puissance de 485 chevaux-vapeur.

Carrosserie aérodynamique
Composée de fibres de carbone.

Moteur
Situé dans l'espace derrière le cockpit.

Cockpit
Endroit où le pilote s'assoit.

Pneus robustes
Ne font pas de crevaison.

Partez ! Une immense moto-cyclette de course d'accé-lération répand de la fumée lorsque son pneu arrière crisse.

Barre anti-tonneau

Pneu arrière massif

Moteur

Caisse
de carrosserie
aérodynamique

Le pilote se penche
vers l'avant

COURSES D'ACCÉLÉRATION

Les motos de course d'accélération sont les plus
puissantes qui soient. Les plus imposantes sont
des machines géantes munies de deux, ou même
de trois moteurs à turbocompresseur reliés. Elles
fonctionnent avec des carburants au méthanol ou
au nitrométhane, qui offrent plus de puissance
que l'essence. Le pneu arrière très large offre
toute l'adhérence requise pour transmettre
toute la puissance du moteur sur la piste. Les
motos se font concurrence par paires sur une
courte piste.

INFO-ÉCLAIR

La moto la plus rapide
*L'actuel record du monde de
vitesse pour les motocyclettes est
de 518 km/h (324 mi/h). Ce
record a été établi en 1990 par
Dave Campos sur le **Easyriders
Streamliner**. La moto était
munie de deux moteurs **V-twin**
Harley-Davidson.*

GROSSES ET PETITES

Les motocyclettes sont offertes en une gamme époustouflante de formes et de dimensions. Certaines motos sont d'ailleurs extrême-ment petites, et d'autres, très grosses !

LA PLUS GROSSE MOTO

La plus imposante motocyclette du monde est la *Bigtoe*. Cette fantastique moto géante mesure 2,3 mètres de haut et 4,7 mètres de long. Elle est munie d'un énorme moteur V12 emprunté à la voiture sport Jaguar. Pour l'empêcher de se ren-verser, la moto doit avoir des roues de stabilisa-tion. De la musique s'échappe de quatre haut-parleurs de 500 watts.

Bigtoe

Moteur	v12
Capacité	6000 cc
Poids	1,645 kg
Vitesse maximale	100 km/h (61 mi/h)

Cadre
Composé d'aluminium léger.

Pneus
Anciens pneus de tracteur agricole.

Moteur
Emprunté à une voiture sport.

*La motocyclette **Bigtoe** a été construite en 1998 par le mordu suédois Tom Wiberg.*

Siège
Assez large pour un motocycliste adulte.

Carrosserie
Reproduction parfaite d'une véritable moto.

Pneus
Lisses pour la course.

Guidon
Avec commandes pour la conduite.

Freins
à disques.

Version miniature d'une moto sportive de course sur piste.

MOTOCYCLETTES

Course de minimotos. Les motocyclistes freinent dans un virage.

MINIMOTO

Les minimotos, également appelées motos miniatures, sont des modèles réduits de motos de dimension normale. Elles présentent toutes les caractéristiques des motos plus grandes et sont entièrement fonctionnelles. Au départ, les minimotos ont été conçues pour les enfants, mais de nombreux adultes les conduisent aussi, et les courses de minimotos sont maintenant un populaire sport d'adulte.

MOTOS DE L'AVENIR

À quoi ressembleront les motocyclettes de l'avenir ? Et quelles sont les nouvelles technologies que les futurs fabricants de motos ajouteront à leurs engins ?

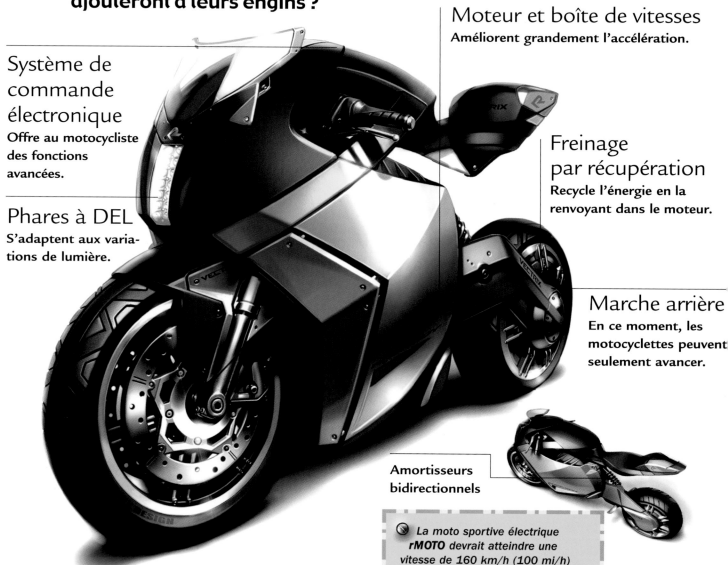

Moteur et boîte de vitesses
Améliorent grandement l'accélération.

Système de commande électronique
Offre au motocycliste des fonctions avancées.

Freinage par récupération
Recycle l'énergie en la renvoyant dans le moteur.

Phares à DEL
S'adaptent aux variations de lumière.

Marche arrière
En ce moment, les motocyclettes peuvent seulement avancer.

Amortisseurs bidirectionnels

*La moto sportive électrique **rMOTO** devrait atteindre une vitesse de 160 km/h (100 mi/h) et n'émettre presque aucun bruit.*

PROTOTYPES DE MOTO

Les prototypes sont des visions de l'avenir. Lorsque les fabricants de motocyclettes souhaitent illustrer leurs dernières idées techniques, ils conçoivent un prototype. Certains prototypes de moto sont construits pour être présentés aux salons de la moto. Il arrive, mais très rarement, qu'un de ces prototypes de moto soit réellement usiné et mis en vente.

NOUVELLE PUISSANCE

Les motocyclettes fonctionnent à l'aide de moteurs à essence depuis plus d'un siècle. Bien que les moteurs soient de plus en plus efficaces et moins polluants, ils fonctionnent encore de la même façon. Toutefois, il existe maintenant d'autres solutions comme la pile à combustible. Cette pile produit de l'électricité sans pollution à l'aide de carburants tels que l'hydrogène. Dans une motocyclette qui fonctionne avec une pile à combustible, l'électricité alimente un moteur électrique.

INFO-ÉCLAIR

Motos solaires

Les chercheurs mettent également au point des motocyclettes qui fonctionnent à l'aide des rayons du soleil. Les rayons du soleil sont convertis en électricité grâce aux cellules solaires, puis celle-ci est stockée dans une pile. La pile fait fonctionner un moteur électrique.

Vue arrière **Vue de dessus**

> ⊗ *Cette moto qui fonctionne avec une pile solaire peut atteindre une vitesse de 80 km/h (50 mi/h) tout en étant presque silencieuse.*

Pile à combustible
Il faut l'enlever pour le ravitaillement.

Commandes
Accélérateur simple et freins.

Moteur électrique
Actionne la roue arrière.

MOTOCYCLETTES

CHRONOLOGIE

1838
Le forgeron écossais Kirkpatrick Macmillan construit une bicyclette à pédales.

1869
On construit la première bicyclette munie d'un moteur à vapeur en France. C'est la première motocyclette.

1885
En Angleterre, John Starley invente la toute première bicyclette de style moderne. Elle est munie d'un cadre, d'une transmission par chaîne et de freins.

1885
L'ingénieur allemand Gottlieb Daimler construit une motocyclette munie d'un moteur à essence.

1894
En Allemagne, Hildebrand et Wolfmuller construisent la première motocyclette de série.

1901
Les frères français Werner construisent une motocyclette de style moderne dont le moteur se situe à la base du cadre.

1903
William, Walter et Arthur Davidson et William Harley fondent l'entreprise Harley-Davidson aux États-Unis.

1903
La nacelle latérale pour motocyclette est inventée.

1905
On ajoute pour la première fois une transmission à chaîne aux motocyclettes.

1909
Harley-Davidson lance le moteur *V-twin*.

1914
La première course sur piste de motocyclettes a lieu.

1920
La course sur piste de vitesse est créée aux États-Unis.

1922
L'entreprise Indian Motorcycle Company construit la première Indian *Chief*.

1935
L'entreprise BMW lance la fourche télescopique.

1939 à 1945
Pendant la Deuxième Guerre mondiale, les motocyclettes sont utilisées par les estafettes et comme plateformes de mitrailleuses.

1948
L'entreprise de motocyclettes Honda est fondée au Japon.

1950
Des mordus de moto américains conçoivent les premiers « choppers ».

1968
La Honda *CB750* est lancée. C'est la toute première motocyclette qu'on peut appeler « moto sportive ».

1974
Le cascadeur américain Evel Knievel saute en parachute par mesure de sécurité après avoir échoué le saut d'un canyon sur une motocyclette de piste.

1975
La première Honda *Gold Wing* est mise en marché.

1988
Le premier Championnat du monde de *superbike* a lieu.

1990
Le *Easyriders Streamliner* permet d'établir le record mondial de vitesse pour une motocyclette.

1998
Tom Wiberg construit en Suède la plus imposante motocyclette du monde, appelée *Bigtoe*.

2005
La technologie des piles à combustible est lancée dans le monde des motocyclettes.

GLOSSAIRE

Accélérateur

Poignée rotative qui modifie la quantité de carburant qui atteint le moteur. Sert à accélérer ou à augmenter la puissance pour gravir une pente.

Arbre de transmission

Tige rotative qui transporte l'énergie du moteur de la motocyclette vers la roue arrière.

Bicylindre en ligne

Configuration d'un moteur dans lequel deux cylindres sont côte à côte.

Bras oscillant

Levier qui soutient la roue arrière de la motocyclette.

Capacité

Volume à l'intérieur des cylindres d'un moteur.

Carénage

Couche lisse sur la motocyclette qui permet à l'air de glisser librement.

CC

Abréviation de centimètre cube.

Chopper

Motocyclette dépouillée des pièces non voulues.

Cylindre

Espace à l'intérieur d'un moteur duquel un piston entre et sort. Le carburant brûlé pousse le piston vers l'extérieur, ce qui fait fonctionner le moteur.

Échappement

Tuyaux qui transportent les gaz brûlés du moteur dans l'air.

Embrayage

Appareil qui connecte ou déconnecte le moteur et les roues.

En ligne

Configuration d'un moteur dans lequel les cylindres sont alignés.

Fourche

Support qui soutient la roue avant de la motocyclette.

Gyroscope

Appareil pour mesurer ou maintenir l'orientation.

Monocylindrique

Configuration d'un moteur dans lequel on trouve un seul cylindre.

Motoquad

Motocyclette ou véhicule à quatre roues.

Moto sportive

Motocyclette légère munie d'un moteur puissant qui offre une excellente accélération et une vitesse vertigineuse.

Nacelle latérale

Compartiment pour passager fixé sur le côté de la motocyclette.

Pneu lisse

Pneu sans bande de roulement qui offre un maximum d'adhérence sur une surface sèche.

Suspension

Système qui relie les roues et le cadre de la motocyclette, permettant aux roues de se déplacer de haut en bas lorsqu'elles entrent en contact avec des bosses.

Trike

Motocyclette à trois roues.

Turbocompresseur

Appareil qui pompe de l'air à l'intérieur du moteur, ce qui permet de brûler davantage de carburant, augmentant ainsi la puissance. Cet appareil est alimenté par les gaz d'échappement.

INDEX

Bigtoe 26, 30

Bombardier *DS650* X 21

Bonneville Salt Flats 24

Brough Superior 11

Bub Streamliner 24

Cadre 6, 8, 9, 22, 26

Championnat du monde
de *superbike* 13, 30

Chopper 22, 23

Courses d'accélération 25

Courses de *side-car* 17

Daimler, Gottlieb 8, 30

Frères Werner 9

Grand Prix 16

Harley-Davidson
10, 11, 22, 25, 30

Honda *CB750* 11, 30

Honda *CRF450R* 18

Honda *CBR 1000 RR* 12

Indian *Chief* 10, 14

Indian de 1905 9

Kawasaki 11

Minimoto 27

Moteurs de motocyclette 7

Motocyclette
tout-terrain 4, 18

Moto la plus petite, la 27

Moto la plus rapide, la 25

Moto personnalisée 4, 22

Moto routière 4

Motos de course 16

Motos routières 14

Motos routières, nacelles
latérales et remorques 15

Motos solaires 29

Moto sportive 4

Motos sportives 12

Prototypes de moto 28

Rossi, Valentino 17

Rover Safety Bicycle 9

Suspension 6

Trikes et *motoquads* 20

Triketec V2 20

Valkyrie Rune 14

Véhicules tout-terrain 21

Wiberg, Tom 26, 30

Yamaha 11, 13, 17

Adresses de sites web

http://www.yamaha-racing.com
Site de Yamaha sur ses équipes de course pour tous les types de motos.

http://biphome.spray.se/bigtoe Photos, faits et images sur la plus grosse moto du monde.

http://www.bubent.com/racing/index.html Images et vidéos du Bub Streamliner.

http://powersports.honda.com/motorcycles Site officiel des motocyclettes Honda.

http://www.indianmotorcycle.com Motocyclettes Indian et motos historiques.

http://www.worldsbk.com
Site officiel des championnats du monde de *superbike*, y compris un guide des pistes.